壁を破る言葉

岡本太郎

イースト・プレス

壁を破る言葉

岡本太郎

イースト・プレス

限界は、考えない。
人間は、はじめから限界のふちに
立たされているんだから。

目次

構成・監修　岡本敏子

自由

自分は自由だ、という自信がある人だったら、どんどん創ってみる。
もし、自分がまだ自由でない、と考えるのなら、
それでもかまわないという気持ちで、平気でやってゆけばいい。

自由の実験室。

なぜ、創るのかって？
創らなければ、世界はあまりに
退屈だから、創るんだ。

今すぐに、鉛筆と紙を手にすればいい。
それだけだ。

自分の好きな音を勝手に出す、
出したい音を出したらいい。

自由

まっさらな目をもて！　そして目的を捨てろ！

なんでもいいから、まずやってみる。
それだけなんだよ。

評価されるなんていっさい必要なし！
音が好きならば、音になっていないといわれようと〝音〟を出す。
これが前提だな。

趣味的になっては駄目だ。
もっとも効果的に、本質的に社会に対立する、
その方法を定めることが芸術の技術だよ。

音感がいいとか悪いとか、そんなことはどうでもいい。
大体、画才があるやつにロクな絵描きはいないんだから。
センスなんかに頼るから駄目なんだ。

大体、いちばん素晴らしい絵を描くのは
四、五才くらいの子どもだよ。

人間というものは、とかく自分の持っていないものに制約されて、
自分のあるがままのものをおろそかにし、卑下することによって
不自由になっている。
自由になれないからといって、
自己嫌悪をおこし、積極的になることをやめるような、
弱気なこだわりを捨てさらなければ駄目だ。

芸術の世界では、自由は、おのれの決意次第だ。
今すぐ、誰に遠慮することもなく、
なにものにも束縛されずに発揮できる。
社会に対して、ぶつけたいメッセージがある。
言わずにはいられない。
ならば、当然、表現のスタイルが決まってくる。
内容が形を決めるんだ。
どう表すか。それは自分次第。無限の自由がある。

きみはあなた自身を創造していると思いなさい。

思いきって、のびのびと踏みだしてみる。
そして人間的な自由とはなんであるか、
その歓びをみずから発見するんだ。

芸術なんてもの、それを捨てたところから、開けるものなんだ。

自分の存在をもっとも自由に表現しえたもの、
自由感のもっとも豊かなもの。
それが、すぐれた作品。

無経験の素人でも、感覚と言いたいことがあれば、
いつでも芸術家になれる。
何を言いたいのか、それが自分ではっきり掴めていないから、
表現に迷う。
肝心なのは、モチーフだ。

芸術は何をやってもかまわない。
あらゆる表現が許されているのだ。

うまかったり、まずかったり、きれいだったり、
きたなかったりする、ということに対して、
絶対にうぬぼれたり、また恥じたりすることはない。
あるものが、ありのままに出るということ、
まして、それを自分の力で積極的に押しだして表現しているならば、
それはけっして恥ずかしいことではないはずだ。

自分の姿をありのまま直視する、それは強さだ。

「こういうもの」を描きたい、描くべきだという
情熱が起こるまでは、ぼくは絵描きではない。

「こういうもの」を表現したい、という最初の衝動がある。
描きたいという衝動じゃない。「こういうもの」を、なんだ。

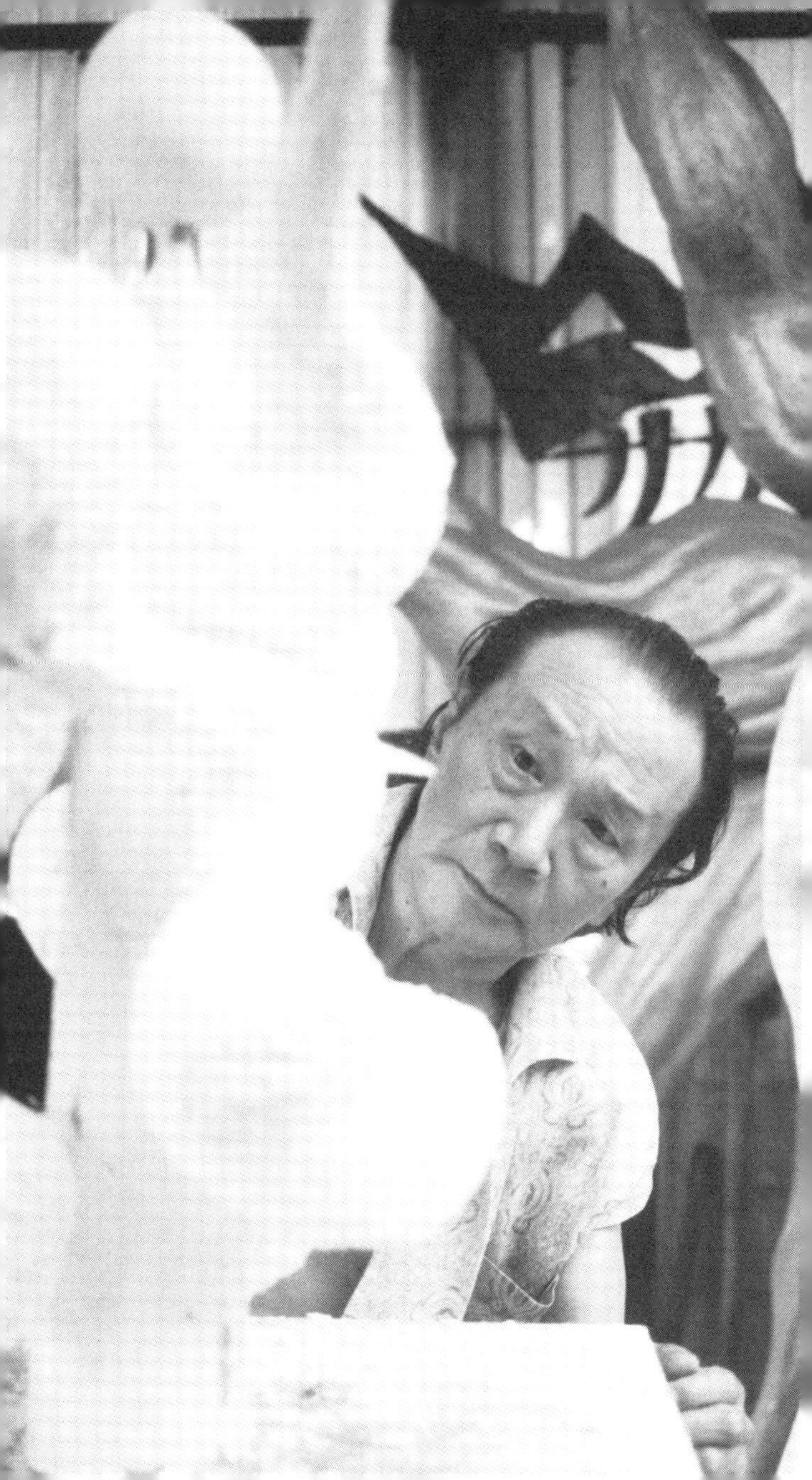

当然、デッサンする。
荒っぽく鉛筆や、墨で、何べんも何べんも
自分に問うてみる。
「そういうもの」を確かめる。

苦労した作品より、ひとりでにどんどん
進んでしまったもののほうが、いつでもいい。

「私も描けたらいいな」と思ったら、描いてみるんだ、
いや描いてみなければならない。

下手のほうがいいんだ。
笑い出すほど不器用だったら、
それはかえって楽しいじゃないか。

いつも言っていることだけれども
芸術はきれいであってはいけない。
うまくあってはいけない。
心地よくあってはいけない。
それが根本原則だ。

才能を超えた絵だったら、ぼくは素晴らしいと思う。
音感を超えてしまった音楽だったら、これは素晴らしい。

芸術は本質的に、けっして教わることはできない。
弟子になろうなんてやつは、
それだけで芸術家失格だ。

人に理解されたり、よろこばれようなんて思うな。
むしろ認められないことを前提として、
自分を猛烈につき出すんだ。

すらすらといくらでも溢れ出てきて、
無限につくれるような気がするときもある。
壁にとじこめられて、ニッチもサッチもいかない、
悩めば悩むほどいきづまってしまう、絶望の季節もある。
そういうとき、どうするか。
焦らない。自分と向きあうチャンスだ、と思って
じっくり腰をすえて、自分はほんとうに何がしたいのか、
見極めることだね。

絵が描けなくたって、いいじゃないか。
音楽を作らなくたって、死ぬわけじゃない。
ぼくだってパリにいって三年間、絵が描けなかった。
そのつらさは、骨身にしみている。
だけど、そこで自分をごまかして、
適当なことをやってしまったら、おしまいだ。

ほんとうの生命の核から、
ゆるぎ出してくるモチーフがあるはずなんだよ。
じっと身をひそめ、向きあわなければ、それはつかめない。

焦るな。
人のために美しいものをつくるというよりも、
生命のしるしを、自分に確かめる。

重畳とした山嶺をいくつもいくつも自分の足下から全身に確かめ、
ぶつけながら、走破してゆく気持ちと同じだ。

いつも危険だと思うほうに自分を賭ける。
それが生き甲斐だ。

極端にいえば、わざと破滅につながる道、
死に直面する道を自分で選んできた。

芸術愛好家は誰かが新しいものを
創りだしてくれるだろうと待ってばかりいて、
自分が創ってやろう、という気持ちをもたない。

たとえ自分が創りださなくても、
これこそと思うものは自分の責任で、徹底的に支持すべきなのに。

人間の生活は矛盾だらけだ。
それに耐え、そのマイナス面をプラスの面に転化してゆくこと。
それが創ることなんだね。

昨日すでにやったこと、
人のやったことと同じようなことをやるのでは、
まったく意味がない。

芸術は創造。それのみ。

全生命が瞬間にひらききること。それが爆発だ。

瞬間にあるものがさっと現れ、
そのものに向かって全身でぶっつけていく。
それが色になり線になる。

創り出すことと年齢なんて、関係ないよ。

芸術？
そんなものはケトバシてやれ！
そうすれば、キミが何を創ればいいか見えてくる。

ぼくはいつも自分が純粋に感じたこと、考えたことを、
理解されようがされまいがダイレクトにぶつける。

理論で作品は創れない。

ぼくは、人に好かれる楽しい絵を描こうとは思わない。
それよりも猛烈に叫びたい。絵のなかで。

絵を描くということは、疑うことのできない、
すべての人のうちにある本能的な衝動なんだ。
歌うこともそう。叫ぶことも、踊ることも。
表現欲というのは一種の生命力で、思いのほか激しいもの。

芸術家の情熱は何も作品に結晶するばかりではない。
作品の以前と以後。
そしてまた創られた自己の作品をのりこえるという意思。
それをひっくるめてはじめて創造だ。

いまやっている「実験」、
明日には、価値として残るか残らないか解らない。
それはどうでもいい。

芸術はいつでもゆきづまっている。
ゆきづまっているからこそ、ひらける。

誰のために創るんだろう。
考えたことあるか。
自分のために？
そんなの甘っちょろいよ。
植木づくりでもやるんならそれでいいんだ。
金のために？　だったら創るより
早いやりかたがいくらでもあるだろう。

他人のものはもちろん、たとえ自分の仕事でも、
なぞってはならない。

同じことをくりかえすくらいなら、死んでしまえ。

うまく作る必要なんかない。
うまく出来た作品なんて、
面白くもへったくれもない。
かまわないから、どんどん下手にやりなさい。
その人独特の文体というものがあるはずだ。
絵ならその人の色。
ダンスなら、その身体の動きの物語る世界。
それは自分が発見し、確かめてゆくもの。
教わることはできない。
芸術は創造だというのはその意味だ。

自分から出た瞬間に、作品はすでに他者。
それはぼくにとって、もはや道ばたの石っころと何も
変わらない。

芸術でも音楽でも、映像、ファッション……
ものを創りだすことに自分を賭けてる人間は大勢いる。
何のために？　いいんだよ。ためではない。
ぶつけたいから、ぶつけるんだ。

芸術なんてなんでもない。
道ばたに転がっている石ころのように、
あるがままにある。
それが創造者の前提だ。

壁は自分自身だ。

芸術の形式には、こうならなければならないという
固定した約束はない。
それなのに、勝手に縛られて、ジタバタしているんだよ。

猛烈に自分を強くし、鋭くし、
責任をとって問題を進めていく以外にない。

芸術の技法というものはない。
芸術はメッセージだ。
伝えたいものがあるならば、言うことは自ずから決まっている。
いちばん適格に、言いたいことを表す形はなにか。
それは自分にしかわからない。

でたらめをやってごらん。
口先では簡単にでたらめなら、と言うけれども、
いざでたらめをやろうとすると、それができない。

芸術

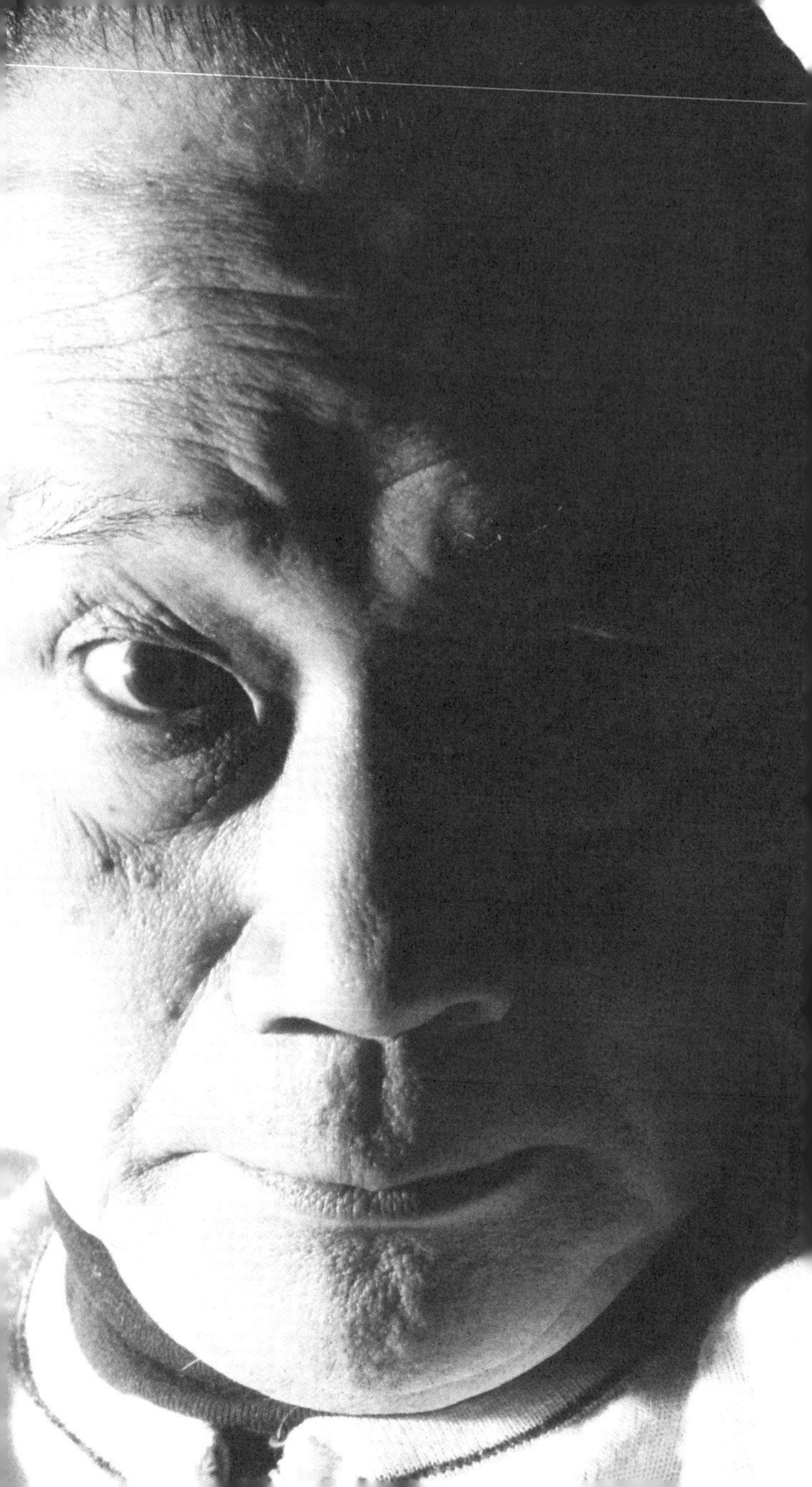

生きる日のよろこび、悲しみ。
一日一日が新しい彩りをもって息づいている。

実際の世界は芸術なんてものとは関わりなく、
政治的に、科学的に、荒々しく猛烈に動いている。
いったいなぜ描くのか。
まったく無意味な気がする。
何かを描かなきゃならないから描くのか。
……ばかばかしい。人が喜ぶからだろうか。
……人をよろこばせるなんて、卑しい。
美のため。社会のため。……糞くらえ
だが、身をもって激しく抵抗をたしかめながら、
猛烈に生きていくところに、人間としての歓びがあるんだ。

芸術はたんに見るもの、味わうものではなく、創るもの、いや創らなければならないものだ。

惰性的な空気の死毒におかされないために、
人間は創造しなければならない。

自分をじっさいそうである以上に見たがったり、
また見せようとしたり、あるいは逆に、
実力以下に感じて卑屈になってみたり、
また自己防衛本能から
安全なカラの中にはいって身をまもるために、
わざと自分を低くみせようとすること、
そこから堕落していくんだよ。

一言で言う。

人生、即、芸術。

芸術というのは認められるとか、売れるとか、
そんなことはどうでもいいんだよ。
無条件で、自分ひとりで、宇宙にひらけばいいんだ。

宇宙的ではなく宇宙なんだ。

自分の土地に流れる水、おのれの上に吹きわたる風の気配、それを自分の存在のアカシとして出発しない限り、いかなる文化もありはしない。花がひらくという神秘。死にゆく樹々の鮮やかな紅葉の死に化粧。ぼく自身の生命に共振する。

芸術は呪術である。というのがぼくの信念だ。
その呪力は無償のコミュニケーションとして放射される。
無償でなければ呪力を持たない。

芸術なんて、道ばたに転がっている石ころと等価値だ。
芸術に憧れたり、芸術が大変なものだと思っているやつに
芸術家がいたタメシはない。

単に線と色の、視覚的な、画面の上だけの絶対美なんて空虚だ。
具体的に、生活的にぶつかってくる、現実感のあるもの、
「パルパープル」（手にふれることのできるもの）がほしいのだ。

もし自分の敵があるとすれば、画商や批評家や、
画壇なんてものじゃなくて、自分自身なんだ。

流行なんて、文字どおり流れていく。

芸術に賭けようとするくらいの人間なら、
自己愛と自己嫌悪は猛烈に渦巻いている筈だ。
それを殺すことはない。
もっともっと激しくのたうち、からみ合わせる。
その相克は人間の究極のドラマだ。
しかし、乗り越える方法はある。
乗り越えなければならない。
それが芸術なんだ。

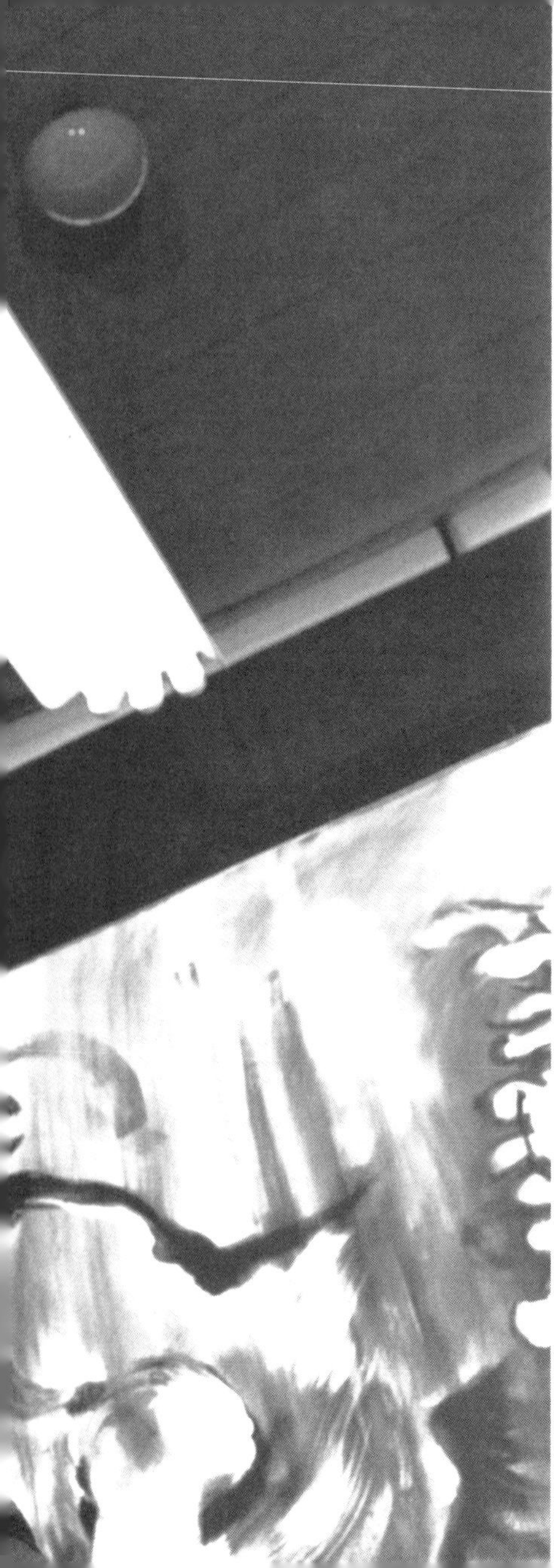

どうして芸術によって傷つけられないのか？
芸術に傷つくこと、それこそ生きることなのに。

ひとが「あらいいわねえ」なんて言うのは、
「どうでもいいわね」と言ってるのと同じなんだよ。

芸術表現は、一種の変身だ。
フローベルは、「ボヴァリー夫人は私だ」と言ったが、
最も深いところで自分を裸にし、人眼にさらし、
社会の評価を引き受けるというのは覚悟がいる。
芸術表現することは、その覚悟、自由を身につけることであって、
その自由によって、自分自身をせまい枠の中から
広く高く押しすすめてゆくのだ。

認めさせたい、と激しく思う。
と同時に認めさせたくない、させないという意志が強烈に働く。

芸術とトコトンまで対決し、あらゆる傷を負い、
猛烈な手負いになって、しかもふくらみあがってくれば、
これこそ芸術だ。

文明は、多くのものを失わせた。失われたものが大きいなら、ならばこそ、それを十分に穴埋めすることはもちろん、その悔いと空虚を逆の力に作用させて、それよりもっとすぐれたものを創る。そう決意すればなんでもない。

情報化社会だからこそ、
単なる理解を超えた超情報にもっと敏感に、真剣になるべきだ。
そこに、とりわけ無目的な情報を提供する呪力をもった
「芸術」の意味が大きく浮かびあがってくる。

写真というのは、
偶然を偶然でとらえて
必然化することだ。

見る。見るものをあるがままにつき出す。
それだけ。

芸術は自然科学と異なり、
連続的な発展をたどるよりも
断絶によって
創造的に飛躍する。

芸術のあるところ、そこが世界のセンターであり、
宇宙の中心なんだ。
それは東京でもいいし、秋田でも、北京でも
リオデジャネイロでもかまわない。

芸術は太陽のエネルギーだ。
経済原則のギブ・アンド・テイクは成り立たない。
陽光のごとく無制限に、エネルギーを放出し、
怖いほど与える。

すぐれた作品に身も魂もぶつける。
ほんとうに感動したら、
その瞬間から、 あなたの見る世界は色、 形をかえる。

スタティックな美学じゃない。
テレビの表現は、勘違いしてる。
即時性が、造型性なんだ。
そこをシャープにしなきゃ。

テレビドラマを夢中になって見ている女の子に、
「おい、あんなの嘘っぱちなんだよ。
あの泣いているのは、ほんとの涙じゃないんだよ」
と言ってやる。
「そんなことわかっています。うるさいわね。一生懸命見ているのに」
と言われるが、作る側も、いかにもほんとうらしく見せようと
頑張っているのは、つまらないな。

昔の美術界では、原色というのは、
女、子ども、あるいは下司下郎の好みだとされていた。
今はちがうけれどね。それで僕は原色をぶつけて絵を描いた。
やっちゃいけないことをやる、それが面白い。

今、この瞬間、まったく無目的で、無償で、
生命力と情熱のありったけ、全存在で爆発する。
それがすべてだ。
そうふっきれたとき、ひとは意外にも自由になり、
自分自身に手ごたえを覚える筈だ。

ドキュメンタリーのすごさは、
ものをものとしてほうり出す、そのナマナマしさにある。
変に、心を打とうとして感情の表現に傾くと、
その強さがなくなってしまう。

絵は、どんなにデフォルメしても、自分の分際でしかない。
写真は、自分が想像していなかった、
自分を超えたものが出る。
そういうチャンスをうんと持てる人間が強いんだ。

子どもの図画は、とてもうれしい。
例えば太陽だって黒いのもあるし、
青い太陽もある。
そういう、平気で描いた絵に出会うから。

芸術が商品になるのはイヤだね。
無償、無条件なんだよ。

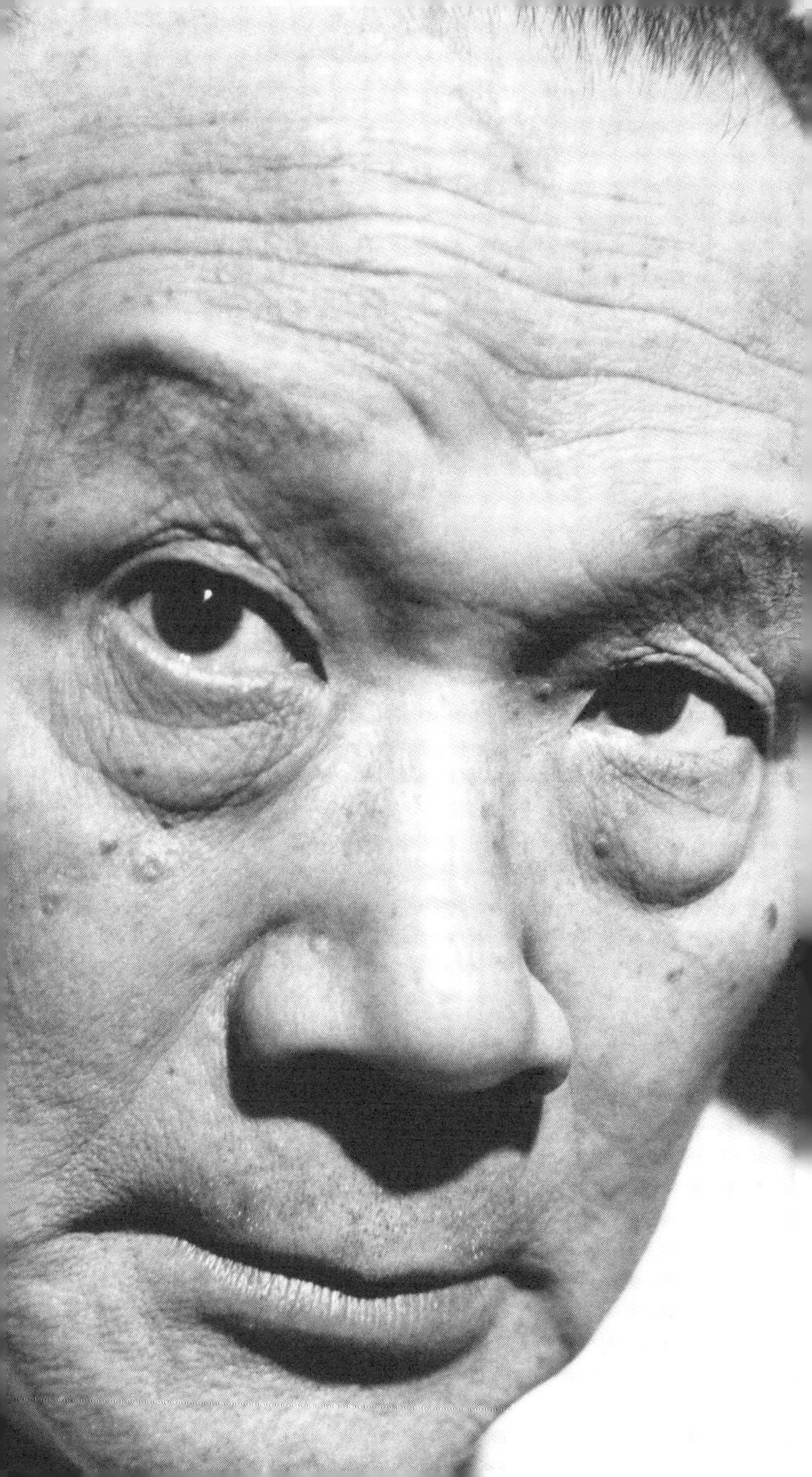

ゴッホは美しい。
しかしきれいではない。
ピカソは美しい。
しかし、けっして、きれいではない。

ズーンと全身にひびいて、
骨の髄までくい入ってくるセンセーションは、
なまめかしいまでにいやったらしいんだ。

現実に生きている芸術だけが、いやったらしい。

ものがそこにあるという尊厳。
これはいったいなんだろう。
ただあるというだけなのに。

すぐれた芸術には、飛躍がある。
創造だから。
かならず見るひとに一種の緊張感を要求する。

イマジネーションによって、宇宙と遊ぶのだ。

人間として最も強烈に生きるもの、
無条件に生命をつき出し、爆発する。
その生き方こそが、芸術だ。

人間

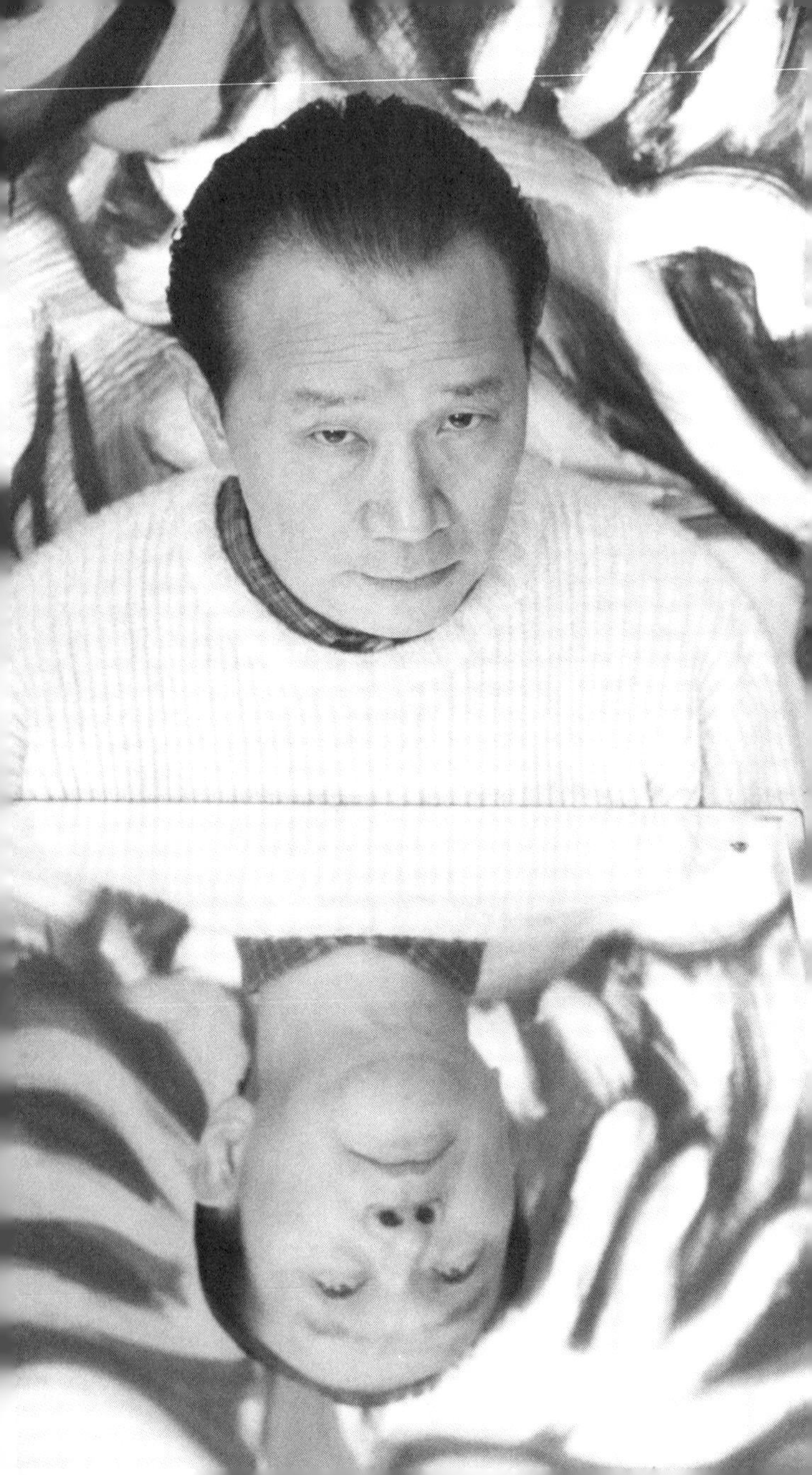

人間は誰だって、
この世に生まれようとして生まれてきたわけじゃない。
でも、この世に出てきたからには、
誰だっておもしろい生き方をしたいよね。
危険な条件のほうに自分の運命を賭けるほうが
情熱がわいてくるものだ。
おのれだけが自分じゃない。
向こうから追ってくる運命というのも、自分自身なんだよ。

絶望のなかに生きることこそが、おもしろい。
そう思って生きる以外にない、それがほんとうの生きがいなんだ。

人間は自然の中からただ生まれ出てきたものではない。
「人間」は作られるものだ。
人間自身によって。
だからまた人間の手で壊さなければ、
宇宙に還元されなければならない。

素朴に、無邪気に、幼児のような眼をみはらなければ、
世界はふくらまない。

自然の樹木がわれを忘れたように伸びひろがっている、
凝滞ない美しさ。
そんな、そのままの顔。自分の顔なんか忘れているような、
ふくらんだ表情こそが素晴らしい。

自分の打ったボールがどこへ飛ぼうがかまわない。
スカッと飛びさえすれば、いい気持ちなんだ。

人生は意義ある悲劇だ。
それで美しいのだ。
生き甲斐がある。

人間

なぜ挑むのか、と言われる。
人を敵に廻し、損じゃないか、と。
常識人なら当然そう考えるだろう。
だがぼくは闘うことによって、
相手を手ごたえとして掴みたい。
それが架空の敵でも、
そう設定し、ぶつかる。
自分の精神のまとを絞り、
人と向きあう。
それは自己確認でもあるのさ。

やりきれない。
でも、だからこそ行動するんだ。
障害を全身で受けとめて、逆に生きがいにしてしまうんだ。

制約が多いとみんな悩んでいる。
だが、制約があるからこそ、
自分のしたいことを貫くのがほんとうの行動になると思う。

われわれの世界、環境は無限の迷路だ。
だからこそ生きがいがあり、情熱がわく。

ほんとうの人間は両性具有だ。
猛烈に男性的であり、或いは、なまなましく濃く女性的。
相手に求めない。

孤独であって、充実している、
そういうのが人間だ。

自分の信じること、こうだと思うことに、
わき目もふらず突き進むだけだ。

若さというのは、
その人の青春に対する決意で決まる。

いつも自分自身を脱皮し
固定しない。
そういうひとは、つねに青春をたもっている。

現在、権威にされているものでも、
かつて、古い権威を否定したときの情熱をもちつづけ、
さらに飛躍して自分自身と時代をのりこえようと
進んでいるばあいには、
その人はうち倒される古い権威側ではなく、
若さと新鮮さの陣営にある。

すべてがつねに移りかわり、
興亡する。
歴史は新しい価値を不断につくり、
それをこわしながら。
また、つくっていく。

不動のものが価値だというのは
自分を守りたい本能からくる
錯覚に過ぎないいんだよ。
破壊こそ創造の母だ。

突飛だと思われるかもしれないが、
いま、この世界で必要なことは、
芸術・政治・経済の三権分立だ、と。
ぼくは思っている。

今日の文明が失ってしまった人間の原点を
再獲得しなければならない。

チームを作ったり、コンビで何かやるときは、
遠慮したり、内にこもらず、
面白くぶつかりあうことが大事だね。
ぶつかりあうことが面白いと思ってお互いをぶつけあう。
そうすれば、逆に生きてくる。

謙虚というものは、人のまえで、
おのれを無にするとか低く見せることでは絶対にない。
むしろ自分の責任において、おのれを主張することだ。
つまり、謙虚は権力とか他人に対してではなくて、
自分自身に対してこそ、
そうあらねばならないんだね。

自然に生き、自分の気持ちを
ほんとうに伸ばしてゆこうとすれば、
まず、いたるところで残酷に、壁に突きあたる。

「危険」を感じる。
それはつまり死の予感なんだ。
そのとき、よし、それなら死んでやろう、
と決意しておそろしいほうに飛び込む。
パァッとその瞬間、全身が生きてくる。

人間という種族が生まれて育ち
植物のように
魚族のように
動物のように
のびて地上にはびこっていった間
いつも身体いっぱいに太陽が輝いていた。

自分の限界なんてわからないよ。
どんなに小さくても、未熟でも、
全宇宙をしょって生きているんだ。

若さということは、無条件にいいことだと考えてよい。

むかしの夢によりかかったり、くよくよすることは、
現在を侮辱し、おのれを貧困化することにしかならない。

ぼくは世界がぼくのパートナーだと思って
仕事をしてきているからね。
だから、世界を相手に作品をぶつけている。
ぼくが毎回言っていることだが、人に好かれないことを前提に、
世界を相手に作品をぶっつけてきたのもそのためだ。

この瞬間、瞬間に、若さとか、年よりとか、力があるないとか、才能とか、金とか、あらゆる条件を超えて、その持てるぎりぎりいっぱいの容量で挑み、生きるということだ。

自分の心の中に、意志的に空白をつくることが、大事なのだが、人は自分を空白にすることに、恐怖感をおぼえる。積極的な行動に自信がないから、尻ごみし、怖がってしまうのだ。

もしコワイのなら、ぐっと耐えて、やがて腹の底から猛烈なヴァイタリティで噴出する、あの人間的なエネルギーを持てばよい。

思想というものは、まもり貫くことにおいてある。それは、ほとんどつねに一般の情勢とは悲劇的に対立する。しかし、その対決によって、世界は充実するのだ。

勝とうが負けようがどっちでもいい。平気なんだ。
勝って結構、負けて結構。
ただ、完全燃焼、全力をつくす。
ぼくはそういう主義を貫いている。

もっともっと悪条件のなかで
闘ってみることだね。

人間というのはいつでも、
周囲のさまざまな状況に対して抵抗を感じ、
孤独なんだ。

つまらないことでもいい。
今ぶつかるべきものとぶつかりあえば、
自分のエネルギーは無限に増幅されて
強大になっていく。

ただこの世の中に生まれてきたから、惰性で生きてるなんて、
そんなやつは、生きてる必要ない。

他人を型にはめ込んでしまわず、自分の生きるふくらみとして、
いつも積極的に見かえせば、思わぬ新鮮な人間像を発見するよ。
誰だってみんな面白い。

自分のほんとうのことをぶちまけて、
ぶつかりあって、
いい意味での闘いをする相手。
それが親友だ。

ぼくのコミュニケーションに対して
賛成でも反対でもいい、
応じてくれる人ぜんぶが、
ぼくの友達だ。

人間の運命というものは、
九十九・九パーセントが成功しないのだ。
成功者でないほうが
より人間的な運命だ。

人間は精神が拡がるときと、
とじこもるときが必ずある。
強烈にとじこもりがちな人ほど
逆にひろがるときがくる。

ぼくはパリで、
人間全体として生きることを学んだ。
画家とか彫刻家とか一つの職業に限定されないで、
もっと広く人間、全存在として生きる。
これがぼくのつかんだ自由だ。

ナマ身で運命と対決して歓喜する。
それがほんとうの生命感。

死に直面したときこそ、
生の歓喜がぞくぞくっとわきあがるのだ。
血を流しながら、 にっこり笑おう。

協力
岡本太郎記念館
http://www.taro-okamoto.or.jp/
東京都港区南青山六-一-一九
電話〇三-三四〇六-〇八〇一

写真提供
川崎市岡本太郎美術館
http://www.taromuseum.jp/
〒二一四-〇〇三二
川崎市多摩区枡形七-一-五
電話〇四四-九〇〇-九八九八

あとがき

美術、音楽、映像、ファッション、或いはコンピューターのソフトを作ったり、イベントを企画したり。さまざまな場、やり方で、クリエイティブな仕事に情熱を燃やしている人が多い。

昔より職業に対する考え方はずっと柔軟に、幅ひろくなっているし、大会社の社員でなければ社会的に認められないという訳でもない。一見、自由なのだ。

だが、自由であるからこそ、一寸先は闇で、常に虚無の風に身をさらしている。

ものを創る人は、必ず、ゆきづまるときがある。

壁にぶつかる。それが創ることだと言ってもいいくらい。

苦しみ、もがき、出口がみつからない。

そういうとき、どこでもいい、ぱっとひらいて見て下さい。必ずこの中に、壁を突き破るヒントがある筈だ。
岡本太郎の言葉は簡潔だが、自身の血をふき出す壮烈な生き方に裏打ちされている。理屈ではない、説教でもない。彼のナマ身がぶつかり、のり超えてきた、その痕跡なのだ。

誰かの役に、たちますように。

岡本敏子

壁を破る言葉〈新装版〉

発行日 二〇二四年十一月二二日第一刷発行

著者 岡本太郎

企画・構成・監修 岡本敏子

ブック・デザイン 鈴木成一デザイン室

発行人 永田和泉

発行所 株式会社イースト・プレス

〒一〇一-〇〇五一
東京都千代田区神田神保町二-四-七 久月神田ビル
電話〇三-五二一三-四七〇〇 ファクス〇三-五二一三-四七〇一

印刷所 中央精版印刷株式会社

ISBN978-4-7816-2400-6 C0095